Karl Riesenhuber (Hrsg.)

Die Europäisierung des Privatrechts

Praxishefte
zum
Europäischen Privatrecht

Heft 1

De Gruyter Recht · Berlin

Die Europäisierung des Privatrechts

Karl Riesenhuber (Hrsg.)

W DE G
RECHT

De Gruyter Recht · Berlin

Gedruckt auf säurefreiem Papier,
das die US-ANSI-Norm über Haltbarkeit erfüllt.

ISBN-13: 978-3-89949-388-7
ISBN-10: 3-89949-388-5

Bibliografische Information der Deutschen Nationalbibliothek

Die Deutsche Nationalbibliothek verzeichnet diese Publikation in der Deutschen Nationalbibliografie; detaillierte bibliografische Daten sind im Internet über http://dnb.d-nb.de abrufbar.

Printed in Germany

Satz: DTP Johanna Boy, Brennberg
Druck und buchbinderische Verarbeitung: Druckerei Gerike GmbH, Berlin

Inhaltsübersicht

Grußwort
von Herrn Staatssekretär Jan Söffing anlässlich der feierlichen Eröffnung der Ruhr-Akademie für Europäisches Privatrecht am 16. November 2006 in Bochum

Die Gründung der Ruhr-Akademie für Europäisches Privatrecht ist ein wichtiges Ereignis nicht nur für Richterinnen und Richter, für Rechtsanwältinnen und Rechtsanwälte und für Unternehmens- und Verbandesjuristinnen und -juristen aus der Region, sondern für die Bedeutung und den Stellenwert des europäischen Rechts im juristischen Alltag.

Recht und Rechtskultur bilden seit jeher einen zentralen Aspekt der Identität Europas. Europa fand und findet sich in einem gemeinsamen Fundament an Überzeugungen und Werten. Diese materiale Seite fand ihre formale Entsprechung in der Tatsache, dass europäische Einigung immer im Wege des Rechts und der Rechtsetzung geschah.

Die Harmonisierung der Rechtskreise, die auf unterschiedlichen Überlieferungen beruhen, basiert auf der Überzeugung, dass Recht und Rechtsetzung identitätsstiftende Kraft haben.

Die integrative Kraft des Rechts hat sich im Prozess der europäischen Einigung zunächst im Wirtschaftsrecht in einem weit verstandenen Sinne entfaltet und gezeigt. Jedoch hat gerade im letzten Jahrzehnt die europäische Rechtsetzung einen Einfluss auf klassische, traditionelle Justizbereiche gewonnen, sich diesen Einfluss auch genommen, wie er früher undenkbar war. War Europarecht im Rahmen der juristischen Ausbildung vor 30 Jahren noch Teil einer Wahlfachgruppe, ist Europa jetzt mitten in den Kernbereichen der rechtswissenschaftlichen Ausbildung und der juristischen Praxis angekommen. Der Strafrechtler, der nicht das Grünbuch der EU-Kommission zum Grundsatz „ne bis in idem“ zur Kenntnis nähme, handelte fahrlässig. Der Zivilrechtler, der die Arbeiten an dem europäischen Referenzrahmen für ein gemeineuropäisches Zivilrecht nicht beachtete, würde fast schon den Maßstab der eigenüblichen Sorgfalt verfehlen.

Die europäische Durchdringung des Rechts wird weitergehen. Zugleich hat dieser Prozess ein Reifestadium erreicht, das als Basis fortbildende Arbeiten erlaubt.

Die Gründung der Ruhr-Akademie für Europäisches Privatrecht kommt daher zur rechten Zeit.

Dass nur ein gebildeter Mensch auch ein wahrhaft tüchtiger Jurist sein kann, hat Gustav Radbruch treffend formuliert. Die Fortbildung ist bedeutender Teil der Bildung. Ständige Fortbildung ist Voraussetzung für die Schaffung und Erhaltung der Funktionsfähigkeit der Justiz und des Rechtswesens im Allgemeinen.

Die Ruhr-Akademie wird mit ihrer Ziel- und Zwecksetzung Fortbildung in dem Doppelsinn des Wortes betreiben, aktuelle Themen auf dem Gebiet des europäischen Privatrechts behandeln und einzelne Gebiete systematisch aufbereiten.

Sie wird ihren Beitrag zur Fortbildung des europäischen Rechts leisten. Die Praktiker der Justiz sind schon jetzt in vielfältiger Weise in die Bewältigung der Herausforderungen eingebunden, die die Internationalisierung und Globalisierung für die Nationalstaaten mit sich bringen. Juristinnen und Juristen fördern die gemeinschaftsrechtliche Gesetzgebung. Sie nehmen – um nur einige Beispiele zu nennen – an Ratsarbeitsgruppen teil. Sie erarbeiten Beiträge zu Stellungnahmen zu Konsultationspapieren und sind etwa im Rahmen des Bundesratsverfahrens in verschiedenen Stadien mit den Vorarbeiten und Arbeiten an der Gemeinschaftsgesetzgebung befasst. Die Umsetzung des Gemeinschaftsrechts in nationales Recht ist ebenfalls Aufgabe von Justizpraktikern.

Die Hilfestellung, die die Ruhr-Akademie dabei leisten kann, wird die Qualität der Rechtsetzung steigern.

Die Ruhr-Akademie wird zudem den Justizpraktiker fortbilden. Sie wird dem Praktiker Angebote unterbreiten, sich fortwährend die notwendigen Fachkenntnisse auf dem Gebiet des europäischen Privatrechts zu verschaffen. Insbesondere der Akzent, den die Ruhr-Akademie setzen wird – nämlich die praxisbezogene Aufbereitung des europäischen Privatrechts – wird dem Praktiker die notwendige Orientierung geben und ihn fortbilden.

Ich wünsche der Ruhr-Akademie, dass es ihr auch gelingen möge, den Praktikern und uns allen in einem weiteren Punkt Orientierung zu geben. Die freiheitsverbürgende Kraft des Privatrechts ist gerade in jüngster Zeit durch europäische Aktivitäten in Frage gestellt worden. Der Versuch, durch Antidiskriminierungsrichtlinien Moral zu verrechtlichen, birgt die Gefahr, die freiheitsverbürgende Kraft des Privatrechts zu verkennen. Die großartige Idee der Privatautonomie im europäischen Prozess der Rechtsetzung zu bewahren und ihr den ihr gebührenden Stellenwert einzuräumen, ist eine Fortbildungsanstrengung besonderer Art. Ich wünsche der Ruhr-Akademie, dass sie ihren Beitrag für die Anstrengung erfolgreich leisten kann.

Die Europäisierung des Privatrechts

Günter Hirsch

I. Begriffliches

Die Europäisierung des Privatrechts ist das zur Zeit wohl aktuellste Thema der zivilrechtlichen Diskussionen in den Mitgliedstaaten der Europäischen Union. Dabei herrscht nicht immer Klarheit im Begrifflichen.

Vom „Gemeinschaftsprivatrecht" sollte man sprechen, wenn es um privatrechtliche Rechtssetzung der Europäischen Gemeinschaft geht. Insoweit steht der Begriff für die Abgrenzung zu mitgliedstaatlichen Normierungen des Privatrechts, aber auch zum Konventionsprivatrecht.[1]

Die Europäisierung des Privatrechts umschreibt den Vorgang des Eindringens von Gemeinschaftsrecht in die nationalen Privatrechtsordnungen oder – spiegelbildlich ausgedrückt – des Ausrichtens nationalen Privatrechts am Gemeinschaftsrecht.

Die Europäisierung eines Rechtsgebiets kann auf vielfältige Weise geschehen. Die konkreteste und stärkste Einflussnahme erfolgt durch EG-Verordnungen, die unmittelbar geltendes Recht setzen, und – etwas schwächer – durch EG-Richtlinien, die jeden Mitgliedstaat zur Umsetzung ihrer Ziele in nationales Recht verpflichten (Art. 249 Abs. 3 EG). Die Richtlinie enthält materiell-rechtliche Vorgaben und einen an die Mitgliedstaaten gerichteten Angleichungsbefehl. Die außerhalb der supranationalen Entscheidungsstruktur der Gemeinschaft angesiedelten Rahmenbeschlüsse, die den Richtlinien nachgebildet sind, allerdings nicht unmittelbar wirksam sind, sind das wichtigste Instrument der justiziellen Zusammenarbeit (Art. 34 Satz 2 Buchst. b EUV).

Auf der Ebene der Rechtsanwendung fließt Gemeinschaftsrecht mittelbar im Wege vertrags- oder richtlinienkonformer Auslegung in die nationalen Rechtsordnungen. Außerdem können sich Richter bei Auslegung nationalen Rechts auch nur höchst mittelbar inspirieren lassen von analogen oder vergleichbaren gemeinschaftsrechtlichen Grundsätzen und Rechtsinstitutionen.

Einen wichtigen Beitrag zur justiziellen Europäisierung des Privatrechts leistet schließlich der EuGH im Rahmen seiner Vorabentscheidungskompetenz.

---

[1] Vgl. *Franzen,* Privatrechtsangleichung durch die Europäische Gemeinschaft (1999), S. 9 f. mit Nachw.

II. Grundlagen und Entwicklung der Europäisierung des Privatrechts

Das Zivilrecht blieb lange Zeit weitgehend verschont von europarechtlichen Einflüssen und Veränderungen. Dies mag auf den ersten Blick erstaunen. Denn der Umstand, dass es für die zivilrechtliche Beurteilung von Handelsverträgen oder Alltagsgeschäften über die Grenzen hinweg kein einheitliches Recht gibt und im Streitfall möglicherweise ein fremdes Gericht nach dem Verfahrensrecht eines anderen Landes entscheidet, kann sich zweifellos als Hindernis für die Eingehung solcher Geschäftsbeziehungen erweisen. Der freie Binnenmarkt und der Abbau grenzüberschreitender Handelshemmnisse war aber von Anfang an die *raison d'être* der Gemeinschaft.

Erst in neuerer Zeit nahm sich die Gemeinschaft verstärkt der Frage der Angleichung und Vereinheitlichung des Zivil- und Zivilprozessrechts an. Die Instrumente hierzu waren bereits im ursprünglichen EG-Vertrag angelegt; sie wurden durch die nachfolgenden Vertragsänderungen noch ausgeweitet.[2]

So ermöglichte etwa Art. 100 a.F. des EWG-Vertrages von Anfang an die Angleichung des mitgliedstaatlichen Rechts insoweit, als es den innergemeinschaftlichen Handel beeinflusste. Auf der Grundlage dieser Bestimmung wurden im Jahr 1985 etwa die Produkthaftungsrichtlinie sowie die Richtlinie über Haustürgeschäfte erlassen und zwei Jahre später die Richtlinie über den Verbraucherkredit.

Die erste große Reform der Verträge durch die Einheitliche Europäische Akte 1987 löste einen Integrationsschub in der Gemeinschaft aus, der dem Ziel diente, binnen fünf Jahren einen „Raum ohne Binnengrenzen" zu schaffen, in dem Waren, Personen, Dienstleistungen und Kapital frei über die Staatengrenzen hinweg fluktuieren konnten. Durch einen neuen Art. 100a wurde die Angleichung nationaler Rechtsvorschriften erleichtert, soweit sich aus ihren Unterschieden Hindernisse für den Binnenmarkt ergaben.

Die Folge war eine Anzahl von Richtlinien, die zentrale Bereiche der mitgliedstaatlichen Privatrechtsordnungen einander anglichen. Ich will nur die Pauschalreise-Richtlinie (1993), die Richtlinie über mißbräuchliche Klauseln in Verbraucherverträgen (1994), die Richtlinie über Teilnutzungsrechte an Immobilien (1994), die Fernabsatzrichtlinie (1997) und die Richtlinie zum Verbrauchsgüterkauf (1999) erwähnen.

---

[2] Vgl. auch zum Folgenden *Wiedmann/Gebauer,* in: Gebauer/Wiedmann (Hrsg.), Zivilrecht unter europäischem Einfluss (2005), S. 6 ff.

Die Rechtsangleichung erstreckte sich darüber hinaus, wenn auch zögernd, auf das Verfahrensrecht, wie etwa durch die Richtlinie über Unterlassungsklagen (1998).

Nimmt man die Europäisierung des Zivilrechts in Europa in den Blick, muss auch die dritte Säule erwähnt werden, auf die die Europäische Union durch den Maastricht-Vertrag (1993) gestellt wurde: Die gemeinsame Justiz- und Innenpolitik. Dadurch traten an die Stelle völkerrechtlicher Verträge zwischen den Mitgliedstaaten, wie etwa des EuGVÜ und des Europäischen Vertragsrechtsübereinkommens, neuartige Rechtsakte der Union: Rahmenbeschlüsse und Übereinkommen.

Da sich die Prozeduren der dritten Säule als zu schwerfällig erwiesen, wurde mit dem Vertrag von Amsterdam die „Justizielle Zusammenarbeit in Zivilsachen" in die erste Säule überführt und damit vergemeinschaftet.

Sedes materiae und Kompetenzgrundlage für Regelungen des nationalen und internationalen Zivilrechts ist nun Art. 65 EG. Auf seiner Grundlage wurden bereits mehrere Verordnungen erlassen, etwa die VO über den Europäischen Vollstreckungstitel oder die InsolvenzVO. Weitere Rechtsakte sind geplant. Die Gemeinschaft nutzt diese Kompetenz zu einer Prozessrechtsangleichung von „atemberaubender Geschwindigkeit".[3]

Im deutschen Privatrecht löste die Umsetzung der Verbrauchsgüterkauf-Richtlinie, der Zahlungsverzug-Richtlinie und der E-Commerce-Richtlinie die größte Reform des Schuldrechts seit Erlass des Bürgerlichen Gesetzbuches aus. Durch das Schuldrechtsmodernisierungsgesetz wurde zum 1. Januar 2002 das 2. Buch des BGB grundlegend umgestaltet. Mit dem Gesetz wurden nicht nur die genannten Richtlinien umgesetzt, sondern die außerhalb des BGB angesiedelten Sondergesetze zur Umsetzung früherer Richtlinien, nämlich das Haustürwiderrufsgesetz, das Gesetz über Allgemeine Geschäftsbedingungen und das Verbraucherkreditgesetz in das BGB integriert sowie weitere anstehende Änderungen vorgenommen.

III. Gemeinsamer Referenzrahmen

Über die isolierten, sektorspezifischen Schritte der Rechtsangleichung im Zivilrecht hinaus greift nun die Idee eines epochalen Vorhabens in der Gemeinschaft immer mehr Raum: ein europäisches Zivil- bzw. Vertragsgesetzbuch. Vorreiter war das Europäische Parlament. Es hat in

---

[3] *Haß*, Die Integrationsfunktion des Europäischen Zivilverfahrensrechts, IPRax 2001, 389, 396.

mehreren Entschließungen seit 1989 die Ausarbeitung einer einheitlichen europäischen Kodifizierung des Privatrechts angemahnt.[4]

2001 stellte die Kommission vier Optionen zur Diskussion, nämlich[5]

1. die Lösung festgestellter Probleme dem Markt zu überlassen,
2. gemeinsame Grundsätze des europäischen Vertragsrechts zu entwickeln,
3. das geltende EG-Vertragsrecht zu verbessern und
4. neue Rechtsvorschriften zum Vertragsrecht zu erlassen.

Als Ergebnis der Diskussion entwickelte die Kommission im Februar 2003 einen Aktionsplan für ein kohärentes Europäisches Vertragsrecht, mit dem sie eine Kombination von gesetzlichen und außergesetzlichen Maßnahmen vorschlug.[6]

Als gesetzliche Maßnahme erwägt die Kommission auf mittlere bis längere Sicht ein sog. optionales Instrument, also die Ausarbeitung einheitlicher Vertragsregeln, die – je nach Ausgestaltung – von den Vertragsparteien gewählt oder abbedungen werden können, also entweder ein „Opt in" oder ein „Opt out"-Modell.

Als wichtigste außergesetzliche Maßnahme hat die Kommission die Erstellung eines sog. gemeinsamen Referenzrahmens in Angriff genommen. Dieser soll gemeinsame Grundsätze und Begriffe im Bereich des europäischen Vertragsrechts festlegen und als der Öffentlichkeit zugängliches Dokument sowohl den Gemeinschaftsorganen helfen, die geltenden und künftigen Gemeinschaftsvorschriften zum Vertragsrecht kohärent zu gestalten, als auch den Mitgliedstaaten und Drittstaaten ermöglichen, ihn bei ihrer Gesetzgebung zu berücksichtigen oder in Bezug zu nehmen.

Ein Netz von Experten und Vertretern interessierter Kreise (sog. *stakeholder*) wurde eingerichtet, die einen kontinuierlichen, substantiellen Beitrag zur Ausarbeitung des gemeinsamen Referenzrahmens leisten sollen. Bis Ende 2007 sollen die Vorschläge vorliegen.

---

[4] Vgl. hierzu *Vogenauer/Weatherhill*, Eine empirische Untersuchung zur Angleichung des Vertragsrechts in der EG, JZ 2005, 870, 871 ff.

[5] Mitteilung der Kommission an den Rat und das Europäische Parlament zum europäischen Vertragsrecht, KOM (2001) 398 endgültig vom 11.7.2001, ABl. C 255 vom 13.9.2001, S. 1.

[6] Mitteilung der Kommission an das Europäische Parlament und den Rat: Ein kohärenter europäischer Vertragsrecht-Aktionsplan, KOM (2003) 68 endgültig vom 12.2.2003, ABl. C 63/01; in einer Mitteilung vom 11.10.2004 zum „Europäischen Vertragsrecht und Überarbeitung des gemeinschaftlichen Besitzstandes – weiteres Vorgehen" (KOM (2004) 651 endgültig) skizziert die Kommission ihren zukünftigen Weg auf der Grundlage der Rückmeldungen zum Aktionsplan.

Ob die Forderungen des Europäischen Parlaments und die angelaufenen Aktivitäten der Kommission der Auftakt zu einem „Europäischen Zivilgesetzbuch" sind, wird kontrovers diskutiert.[7] Diese Diskussion ist verfrüht und unnütz. Die Entscheidung, ob irgendwann einmal ein „Euro-BGB" als Wahlalternative zum BGB zur Verfügung stehen oder dieses gar ersetzen wird, werden die Europapolitiker der Zukunft – ich meine: der fernen Zukunft – zu entscheiden haben.

IV. Judikative Europäisierung

Kaum weniger bedeutsam als die normative Europäisierung des Privatrechts ist die judikative Europäisierung, also die Ausrichtung des nationalen Rechts im Rahmen seiner Auslegung und Fortbildung am Gemeinschaftsrecht.

1. Vorab ist zu betonen, dass nationale Gerichte bei der Auslegung von Gemeinschaftsrecht nicht die jeweiligen im nationalen Recht anerkannten Auslegungsmethoden zugrundelegen dürfen, sondern nach europarechtlicher Methodik vorzugehen haben. Die Methodik der Normauslegung ist nicht nur ein rechtlich unverbindliches, paralegales, gerichtsinternes Instrument der Rechtsfindung, sondern hat rechtliche Qualität und ist damit Bestandteil der jeweiligen Rechtsordnung.

Denn die Wahl der Methode entscheidet auch darüber, welche Rechtsnorm sich im Kollisionsfall durchsetzt und damit materiell gilt.

Als rechtlich verbindliche Regelung unterliegt die Methodenwahl den Grundsätzen, die für das Verhältnis vom Gemeinschaftsrecht zum nationalen Recht gelten, nämlich dem Prinzip der unmittelbaren Wirkung des Gemeinschaftsrechts in den Rechtsordnungen der Mitgliedstaaten sowie dem Vorrang des Gemeinschaftsrechts gegenüber kollidierendem nationalen Recht.

An diesem Vorrang hat somit auch die europarechtliche Auslegungsmethode teil, wenn ein nationales Gericht Gemeinschaftsrecht auslegt.

Hiergegen verstieß etwa das Bundesverwaltungsgericht, als es die Konkurrenz zweier EG-Richtlinien nach der deutschen Auslegungsmethodik,

[7] Vgl. Die Blaupause für die zukünftige Zivilgesetzgebung – Zu den Arbeiten am Europäischen Vertragsrecht: Klaus-Heiner Lehne, Professor Dr. Hans Schulte-Nölke und Dr. Dirk Staudenmayer im Interview, notar 4/2005, S. 156-168; Interview mit: *Lehne,* notar 4/2005, S. 157; *Schulte-Nölke,* notar 4/2005, S. 160; *Staudenmayer,* notar 4/2005, S. 165.

nämlich nach den Grundsätzen der Spezialität und Priorität, auflöste. Das Bundesverfassungsgericht hob zu Recht hervor, dass eine Richtlinienkollision nach gemeinschaftsrechtlichen, nicht nach nationalen Grundsätzen zu entscheiden sei.[8]

2. Es gibt eine Fülle von Beispielen dafür, dass nationale Gerichte die Auslegung und Anwendung des nationalen Rechts ausgerichtet haben am Gemeinschaftsrecht und es damit „europäisiert" haben. Sie haben dies zum Teil in eigener Kompetenz getan, zum Teil erfolgten Vorlagen an den EuGH, um mit der Autorität dieses Gerichts eine europaweit einheitliche Auslegung des Gemeinschaftsrechts zu erreichen, an die sich dann das nationale Recht zu halten hat.

Wenn ein Gericht nationales Recht, das Gemeinschaftsrecht vollzieht, auszulegen hat, hat es vorrangig die Auslegung zu wählen, die der nationalen Norm die vom Gemeinschaftsrecht intendierte Wirkung verleiht. Es hat die Norm vertragskonform auszulegen. Dies folgt aus dem Vorrang des Gemeinschaftsrechts und dem Anspruch, ihm zur vollen Wirksamkeit zu verhelfen.

Die gemeinschaftskonforme Auslegung des nationalen Rechts erfolgt im Bereich des Zivilrechts in der Regel in Form der richtlinienkonformen Auslegung. Diese Auslegungsmethode ist dem Richter, der nationales Recht anwendet, das eine Richtlinie umsetzt, verbindlich vorgegeben. Er ist also bei der Wahl der Methode weder dann frei, wenn er nationales Recht anwendet, mit dem eine Richtlinie umgesetzt wird, noch dann, wenn er – wie erwähnt – Gemeinschaftsrecht auslegt. Er ist vielmehr gemeinschaftsrechtlich verpflichtet, nationales Recht vorrangig so auszulegen, daß es den Vorgaben der Richtlinie entspricht und ihr größtmögliche praktische Wirksamkeit – *effet utile* – gibt.

Die Verpflichtung der Gerichte zur richtlinienkonformen Auslegung ergibt sich europarechtlich aus Art. 249 Abs. 3 EG. Nach dieser Vorschrift ist es Pflicht eines Mitgliedstaates, alle zur Erreichung des durch eine Richtlinie vorgegebenen Ziels erforderlichen Maßnahmen zu treffen. Dies zielt in erster Linie auf den Gesetzgeber, der mit seinen Mitteln das Ziel der Richtlinie fristgerecht zu verwirklichen hat. Art. 249 Abs. 3 EGV verpflichtet jedoch nicht nur den Gesetzgeber, sondern als direkt anwendbare Norm alle staatlichen Organe, also auch die Rechtsprechung.

Dies entspricht der ständigen Rechtsprechung des EuGH. Er formuliert z.B. in der Entscheidung Inter-Environnement Wallonie kurz und bündig:

---

8 BVerfG, NVwZ 2001, 669 = EuGRZ 2001, 150.

> „Diese Pflicht, alle allgemeinen oder besonderen Maßnahmen zu treffen (zur Erreichung des durch eine Richtlinie vorgeschriebenen Ziels), obliegt allen Trägern öffentlicher Gewalt in den Mitgliedstaaten einschließlich der Gerichte im Rahmen ihrer Zuständigkeit.“[9]

Das Bundesverfassungsgericht geht ebenfalls von einer Pflicht der Gerichte aus, bei der Auslegung mitgliedstaatlicher Durchführungsregelungen zu Richtlinien diejenige Auslegung zu wählen, die dem Inhalt der Richtlinie entspricht. Es leitet sie allerdings nicht aus Art. 249 Abs. 3 EGV ab, sondern aus der Pflicht aller Staatsorgane zu gemeinschaftstreuem Verhalten nach Art. 10 EGV (ex Art. 5 EGV).

Der Bundesgerichtshof wiederum begründet die Pflicht zur richtlinienkonformen Auslegung aus dem nationalen Recht. Er leitet sie ab aus der Pflicht des Richters, im Wege der Auslegung dem Willen des deutschen Gesetzgebers zum Durchbruch zu verhelfen. Denn es sei davon auszugehen, dass der Gesetzgeber mit der Umsetzungsnorm das nationale Recht der Richtlinie anpassen will.

In Anbetracht des Umstandes, dass der Wille des Gesetzgebers ein in den Einzelheiten und in der Tragweite durchaus umstrittenes Auslegungsinstrument ist, sollte er allenfalls ergänzend neben die europarechtliche Pflicht zur richtlinienkonformen Auslegung treten.

Nur zur Abrundung sei erwähnt, dass in der Literatur das Verhältnis der gemeinschaftsrechtskonformen zur richtlinienkonformen Auslegung nicht einheitlich gesehen wird. Zum Teil wird die richtlinienkonforme Auslegung lediglich als Sonderfall der gemeinschaftsrechtskonformen Auslegung bewertet, zum Teil werden beide Auslegungsgebote aus unterschiedlichen Rechtsregeln abgeleitet: die gemeinschaftsrechtskonforme Auslegung aus dem Prinzip des Vorrangs des Gemeinschaftsrechts, die richtlinienkonforme Auslegung aus dem Gebot, die Ziele der Richtlinie innerstaatlich zu verwirklichen.

Eine Unterscheidung zwischen der vertrags- und der richtlinienkonformen Auslegung ist angezeigt. Denn wenn eine vertragskonforme Auslegung des nationalen Rechts nicht möglich ist, ist das nationale Recht wegen des Vorrangs des Gemeinschaftsrechts nicht anwendbar, soweit es gegen das direkt anwendbare Gemeinschaftsrecht verstößt. Verstößt es dagegen gegen eine Richtlinie, so ist diese ja bekanntermaßen nur ausnahmsweise und beschränkt direkt anwendbar. Denn Richtlinien haben keine horizontale Drittwirkung, gelten also nur im Verhältnis des Bürgers zum Staat, nicht aber im zivilrechtlichen Rechtsverhältnis unter den Bürgern. In der Regel

---

[9] EuGH v. 18.12.1997 – Rs. C-129/96 *Inter-Environnement Wallonie ASBL ./. Région wallonne*, Slg. 1997, I-7411 Rn 40.

kann ein Verstoß nationalen Rechts gegen die Pflicht zur Umsetzung einer Richtlinie zwar eine Schadensersatzpflicht des Staates auslösen. Das Richtlinienrecht tritt jedoch, anders als direkt anwendbares Gemeinschaftsrecht, nicht an die Stelle des nationalen Rechts.[10] Scheitert somit eine richtlinienkonforme Auslegung oder Fortbildung einer richtlinienumsetzenden Norm aufgrund der Grenzen, die dem Richter bei der Auslegung und Fortbildung des Rechts gesetzt sind, hat er – vom Sonderfall der Direktwirkung der Richtlinie abgesehen – die richtlinienwidrige Regelung anzuwenden und den Betroffenen auf einen eventuellen Staatshaftungsanspruch zu verweisen.

3. Legt ein Gericht eine nationale Norm gemeinschaftsrechts- bzw. richtlinienkonform aus, wird es mitunter gezwungen sein, zugleich das unmittelbar anwendbare Gemeinschaftsrecht bzw. die Richtlinie auszulegen. Ähnlich wie bei der verfassungskonformen Auslegung einfachen Rechts auch häufig zugleich das Verfassungsrecht auslegungsbedürftig ist, ergibt sich auch aus dem Gemeinschaftsrecht bzw. der Richtlinie nicht immer die eindeutige Aussage, wie die auslegungsfähige und auslegungsbedürftige nationale Norm zu verstehen ist.

Stellt sich dem nationalen Gericht bei der Auslegung des nationalen Rechts zugleich die entscheidungserhebliche Frage der Auslegung von Gemeinschaftsrecht, kann bzw. muß es in der Form des Vorabentscheidungsverfahrens in einen Dialog mit dem EuGH eintreten (Art. 234 EG).

Das Vorlageverfahren ist angesiedelt an der Nahtstelle zwischen den Rechtsordnungen der Gemeinschaft und der Mitgliedstaten. Es dient primär der Wahrung der Rechtseinheit in der Gemeinschaft, daneben aber auch der Fortentwicklung des Gemeinschaftsrechts, dem Individualrechtsschutz und der gerichtlichen Kontrolle des Vollzugs von Gemeinschaftsrecht durch nationale Instanzen.[11]

Im Jahre 2005 legten deutsche Gerichte am häufigsten Auslegungsfragen dem EuGH vor (51 von gesamt 221). Der Bundesgerichtshof lag bei den Bundesgerichten an erster Stelle (9) vor dem Bundesfinanzhof (7), dem Bundessozialgericht (3) und dem Bundesverwaltungsgericht (2).

Bedenkt man, dass die letztinstanzlich zuständigen Gerichte – anders als die Instanzgerichte – nach Art. 234 Abs. 3 EG immer dann zur Vorlage verpflichtet sind, wenn für die Entscheidung des Gerichts die Auslegung

---

[10] Siehe etwa EuGH v. 14.7.1994 – Rs. C-91/92 *Paola Faccini Dori ./. Recreb Srl,* Slg. 1994, I-3325 – Faccini Dori.

[11] Vgl. etwa *Groh,* Die Auslegungsbefugnis des EuGH im Vorabentscheidungsverfahren (2005), S. 40 ff.

von Gemeinschaftsrecht erforderlich ist, ist die Zahl der Vorlagen erstaunlich gering; das Bundesarbeitsgericht etwa stellte in 2005 keine einzige Vorlagefrage an den EuGH. Sieht man diese Zahlen vor dem Hintergrund, dass inzwischen nationales Recht häufig unmittelbar oder mittelbar auf Gemeinschaftsrecht beruht – nach Schätzungen von *Jaques Delors* war bereits vor 20 Jahren etwa die Hälfte des nationalen Rechts durch Gemeinschaftsrecht geprägt, im Bereich des Wirtschaftsrechts sogar etwa 80 % –, erstaunt diese geringe Zahl. Aus sieben Ländern der Gemeinschaft kamen im letzten Jahr überhaupt keine Vorlagen nach Luxemburg.

Dies bedeutet, dass nationale Richter in großem Umfang Gemeinschaftsrecht anwenden und damit zwangsläufig oft auch auslegen, ohne diese Frage dem EuGH vorzulegen. Dies gilt besonders im Zivilrecht, das in bestimmten Bereichen – etwa dem Verbraucherschutzrecht – in starkem Maße auf Gemeinschaftsrecht beruht. Vor diesem Hintergrund stellt sich die Frage, ob die Obersten Gerichte, den Bundesgerichtshof eingeschlossen, ihre Vorlagepflicht ernst genug nehmen.

Der EuGH hat die Tragweite des Art. 234 Abs. 3 EG in der Entscheidung CILFIT 1982 festgelegt und dabei Ausnahmen von der Vorlagepflicht äußerst eng definiert.[12]

Hiernach darf ein Oberstes Gericht nur dann von der Vorlage absehen, wenn

- die aufgeworfene Frage der Auslegung des Gemeinschaftsrechts nicht entscheidungserheblich ist oder
- die gestellte Frage bereits durch den EuGH entschieden ist oder
- die Auslegung derart offenkundig ist, dass keinerlei Raum für vernünftige Zweifel bleibt, und zwar – hypothetisch – auch mit Blick auf alle anderen Richter in der Gemeinschaft.

Von dieser dritten Ausnahme – keine Vorlagepflicht bei einem *acte clair* der Gemeinschaft – wird, jedenfalls vom Bundesgerichtshof in erheblichem Umfang Gebrauch gemacht. Ob dies immer den strengen Vorgaben der CILFIT-Entscheidung entspricht, könnte zweifelhaft sein; die flexible Handhabung der *acte-clair*-Theorie entspricht jedoch praktischen Bedürfnissen und trägt dem Gebot der Einheit des Gemeinschaftsrechts ausreichend Rechnung.

4. Ein prominentes Beispiel für die justizielle Europäisierung des deutschen Privatrechts ist die Auslegung von § 1 Abs. 1 HausTWG. Es ging um die Frage, ob Bürgschaften eine „entgeltliche Leistung“ i. S. dieses

---

[12] EuGH v. 6.10.1982 – Rs. 283/81 *SRL C.I.L.F.I.T. und Lanificio di Gavardo S.P.A. ./. Ministero della Sanita*, Slg. 1982, 3415.

Gesetzes sind. Während der IX. Zivilsenat dies auf der Grundlage einer Wortlautinterpretation ablehnte, legte der XI. Zivilsenat diese Vorschrift im Lichte der ihr zugrunde liegenden Richtlinie über Haustürgeschäfte extensiv aus und verneinte die Anwendbarkeit des Gesetzes nur für die Fälle, in denen der Kunde eine Leistung erhält, ohne selbst dafür ein Entgelt zahlen zu müssen.[13]

Die Frage, warum die Divergenz in der Rechtsprechung zweier Senate des BGH nicht durch den Großen Senat entschieden wurde, klammere ich hier aus. Letztendlich klärte der EuGH auf Vorlage des BGH verbindlich die Auslegung des Anwendungsbereichs der RL, und zwar in einem Sinne, wie er in der umfangreichen deutschen Diskussion vorher noch nie vertreten wurde.[14]

Ein Beispiel einer richtlinienkonformen Fortbildung nationalen Rechts ist die Rechtsprechung des BAG zu § 611a BGB a.F. Nachdem der EuGH die einschlägige Gleichbehandlungs-Richtlinie 76/207/EWG dahingehend ausgelegt hatte, daß eine Diskriminierung wegen des Geschlechts beim Zugang zur Beschäftigung eine Sanktion zur Folge haben müsse, die eine abschreckende Wirkung habe und in einem angemessenen Verhältnis zum erlittenen Schaden stehe,[15] die in § 611a BGB a.F. vorgesehene Erstattung der bloßen Bewerbungskosten also nicht genüge, bildete das BAG das deutsche Recht entsprechend fort. An einer richtlinienkonformen Auslegung von § 611a BGB sah es sich wegen des eindeutigen Wortlauts und Willens des Gesetzgebers gehindert. Allerdings, so das BAG, stelle § 611a BGB keine abschließende Regelung dar. Damit war der Weg frei, über eine Verletzung des allgemeinen Persönlichkeitsrechts (§§ 823 Abs. 2, 847 BGB) ein der Richtlinie entsprechendes Ergebnis zu erreichen.[16]

---

13 BGHZ 113, 287; BGH NJW 1993, 1594.

14 Vorlage: BGH ZIP 1996, 375; EuGH v. 17.3.1998 – Rs. C-45/96 *Bayerische Hypotheken- und Wechselbank AG ./. Edgard Dietzinger*, Slg. 1998, I-1199 – Dietzinger.

15 EuGH v. 10.4.1984 – Rs. 14/83 *Sabine von Colson und Elizabeth Kamann ./. Land Nordrhein-Westfalen*, Slg. 1984, 1891 – v. Colson.

16 BAG AP Nr. 5 zu § 611 a BGB; vgl. hierzu *Franzen* (Fn. 1), S. 405 ff.

V. Schluss

Die Europäische Union ist in schweres Fahrwasser geraten. Die Politik kann sich dem Vorwurf nicht entziehen, die Bürger auf den Weg zu mehr Integration und insbesondere zur Erweiterung der Union nicht mitgenommen zu haben.

Gerade in dieser Situation ist es besonders wichtig, die Instrumente der Gemeinschaft, die dem Bürger dienen, zu betonen und weiterzuentwickeln. Hierzu zählt ohne Zweifel das Zivilrecht.

Die Erleichterungen, die harmonisiertes Recht beim Abschluss von Verträgen im europäischen Ausland oder bei grenzüberschreitenden Geschäften mit sich bringt, also die Alltagsvorteile der Union, sind etwas, um das sich die positive Einstellung der Bürger zur europäischen Integration kristallisiert. Es sind diese praktischen Vorteile einer europäischen Rechtsgemeinschaft, die niemand mehr missen möchte.

Europa und das Unternehmensrecht*

Marcus Lutter

I. Überblick

1. Sieht man einmal vom unmittelbar geltenden europäischen Kartellrecht ab, dann stand das Unternehmensrecht in Europa von Beginn der EWG an mit ihren damals nur 6 Mitgliedern im Zentrum der zivilrechtlichen Überlegungen. Das begann europaweit bereits 1960 mit der Diskussion um die Europäische Aktiengesellschaft[1] und wurde fortgesetzt mit einer Debatte in Deutschland zwischen *Johannes Bärmann*[2] und *Ernst Gessler*,[3] ob man denn die deutsche Aktienrechtsreform auf die Zeit *nach der Rechtsangleichung* vertagen oder – im Gegenteil – zügig durchfechten solle, um in Brüssel eine bessere Ausgangsposition zu haben. Die zügige Reform des AktG von 1965 hat sich durchgesetzt und tatsächlich war der deutsche Einfluss bei der nun einsetzenden Rechtsangleichung zunächst groß. Ich berichte das um darzutun, mit welcher Euphorie man im noch kleinen Europa an die Europäisierung des Unternehmensrechts herangegangen ist.[4] Und die ersten Richtlinien waren ja wirklich Erfolge: der Standard der nach wie vor nationalen Unternehmensrechte hat sich auf diesem Wege in den Jahren von 1968 – 1989 nachdrücklich erhöht.

2. Die Wende kam mit dem unglücklichen Kompromiss um die 4. und 7. Richtlinie zur Bilanz und Konzernbilanz von 1978 und 1983.[5] Hier standen sich der Kontinent und die englisch/irischen Inseln ziemlich

---

* Vortrag, zur Eröffnung der Ruhr-Akademie für Europäisches Privatrecht an der Universität Bochum am 16. November 2006 gehalten. Die Vortragsform wurde beibehalten, die Nachweise auf das Notwendigste beschränkt.

[1] Zur Geschichte dieses frühen Gedankens einer Europäisierung des Unternehmensrechts vgl. *Bärmann*, Europäische Integration im Gesellschaftsrecht (1970), S. 12 ff., 19 ff., 143 ff.; *Lutter*, Europäisches Unternehmensrecht (4. Aufl. 1996), S. 7 und 15 ff.

[2] *Bärmann*, Ist eine Aktienrechtsreform überhaupt noch zulässig?, JZ 1959, 434 ff.

[3] *Gessler*, Europäisches Gesellschaftsrecht am Scheideweg?, DB 1969, 1001 ff.

[4] Die Literatur zur Rechtsangleichung ist damals geradezu explodiert; vgl. die Nachw. bei *Bärmann* (Fn. 1).

[5] Vierte Richtlinie 78/660/EWG des Rates vom 25.7.1978 aufgrund von Artikel 54 Absatz 3 Buchstabe g) des Vertrages über den Jahresabschluss von Gesellschaften bestimmter Rechtsformen, ABl. L 222 v. 14.8.1978, S. 11 ff., abgedruckt auch bei *Lutter* (Fn. 1), S. 139 ff.; Siebente Richtlinie 83/349/EWG

unversöhnlich gegenüber und der damals gefundene Formelkompromiss schwächte Europa, wie sich nur 15 Jahre später beim plötzlich entstehenden internationalen Kapitalmarkt und seinen Anforderungen zeigen sollte.

Vor allem der Beitritt immer neuer Mitgliedsländer führte zur Stagnation der einst euphorisch begrüßten Rechtsangleichung: zwischen 1989 und 2004 geschah an dieser Front praktisch nichts – im Gegenteil: der 2002 Hals über Kopf beschlossene Übergang der Rechnungslegung auf IAS und IFRS[6] führte für Europa zum Verlust der Regelungskompetenz für dieses zentrale Rechtsgebiet.

3. Nach fast einem halben Jahrhundert seit Gründung der EWG und heutigen EU, nach dem Anwachsen der Zahl der Mitglieder von 6 auf 25 (und 3 weiteren Mitgliedern des EWR) und nach der Centros-Rechtsprechung des EuGH[7] war klar, dass ein neuer Ansatz für das Unternehmensrecht in Europa überlegt werden musste. Denn statt homogener Rechtsangleichung war plötzlich der Wettbewerb unter den Rechtsordnungen ausgebrochen und Europa in die gleiche Lage versetzt wie die USA: höchst unterschiedliche nationale Rechtsformen können sich überall auf dem Gebiet der Union auch mit ihrem faktischen Hauptsitz niederlassen und bleiben doch ihrem Gründungsrecht verhaftet. Auf dem Boden der Bundesrepublik ebenso wie auf dem aller anderen Mitgliedsländer der EU und des EWR stehen also nicht mehr nur die üblichen drei bis vier verschiedenen Rechtsformen für Kapitalgesellschaften zur Verfügung, sondern heute weit mehr als 60.

---

des Rates vom 13.6.1983 aufgrund von Artikel 54 Absatz 3 Buchstabe g) des Vertrages über den konsolidierten Abschluss, ABl. Nr. L 193 v. 18.7.1983, S. 1 ff., abgedruckt auch bei *Lutter* (Fn. 1), S. 207 ff. Für beide Richtlinien wurde am 14.6.2006 eine Änderungsrichtlinie verabschiedet: Richtlinie 2006/46/EG des Europäischen Parlaments und des Rates vom 14.7.2006 zur Änderung der Richtlinien des Rates 78/660/EWG über den Jahresabschluss von Gesellschaften bestimmter Rechtsformen, 83/349/EWG über den konsolidierten Abschluss, 86/635/EWG über den Jahresabschluss und den konsolidierten Abschluss von Banken und anderen Finanzinstituten und 91/674/EWG über den Jahresabschluss und den konsolidierten Abschluss von Versicherungsunternehmen, ABl. Nr. 224 v. 16.8.2006, S. 1 ff.

[6] Verordnung (EG) Nr. 1606/2002 v. 19.7.2002 betreffend die Anwendung internationaler Rechnungslegungsstandards, ABl. L 243 v. 11.9.2002, S. 1 ff.

[7] EuGH v. 9.3.1999 – C-212/97 *Centros Ltd ./. Erhvervs- og Selskabsstyrelsen*, Slg. 1999, I-1459 = NJW 1999, 2027 und in der Folge die Entscheidungen EuGH v. 5.11.2002 – C-208/00 *Überseering BV ./. Nordic Construction Company Baumanagement GmbH (NCC)*, Slg. 2002, I-9919 = NJW 2002, 3614 und EuGH v. 30.9.2003 – C-167/01 *Kamer van Koophandel en Fabrieken voor Amsterdam ./. Inspire Art Ltd.*, Slg. 2003, I-1155 = NJW 2003, 3331.

Die Kommission läutete ihre Suche nach einem neuen Ansatz mit der Berufung einer High Level Group of Experts on Corporate Law ein, die ihrerseits ihre Arbeit mit der Verwendung eines umfangreichen Fragebogens begann[8] und mit einem Report of the High Level Group of Company Law Experts on a modern Regulatory Framework for Company Law in Europe[9] beendete. Die Kommission übernahm dessen Ergebnisse sehr weitgehend in einem Aktionsplan,[10] den sie derzeit in Einzelschritten verwirklicht und gleichzeitig überarbeitet. Seine Analyse soll uns im weiteren Teil dieses Vortrags beschäftigen.

II. Der Aktionsplan der Kommission zum Europäischen Unternehmensrecht und seine Umsetzung

1. Ein leistungsfähiges Unternehmensrecht

Das Ziel aller Handlungen der Kommission auf dem Gebiet des Unternehmensrechts wird heute nicht mehr bestimmt durch die Rechtsangleichung als solche, sondern durch die Lissabon-Beschlüsse des Ministerrats, wonach die Gemeinschaft bis zum Ende des Jahrzehnts zum leistungsfähigsten Wirtschaftsraum werden soll. Dementsprechend soll das Unternehmensrecht und hier besonders das Aktienrecht nicht nur höchst wettbewerbsfähig, sondern auch unbürokratisch, kostengünstig und nicht zuletzt attraktiv für den internationalen Kapitalmarkt sein.

---

[8] Vgl. dazu die Stellungnahme der Group of German Experts on Corporate Law zum Konsultationsdokument der High Level Group of Experts on Corporate Law in ZIP 2002, 1310 ff.

[9] Der vollständige Text mit über 160 Seiten kann abgerufen werden unter http://ec.europa.eu/internal_market/company/modern/index_de.htm. Vgl. dazu die Stellungnahme dieser Group of German Experts on Corporate Law zu diesem Report in ZIP 2003, 863 ff.

[10] Abgedruckt in NZG 2003, Sonderbeilage zu Heft 13; dazu auch *Maul/Lanfermann/Eggenhofer*, Aktionsplan der Europäischen Kommission zur Reform des Europäischen Gesellschaftsrechts, BB 2003, 1289 ff.; *Wiesner*, Corporate Governance und kein Ende. Zum Aktionsplan der EU-Kommission über die Modernisierung des Gesellschaftsrechts und Verbesserung der Corporate Governance, ZIP 2003, 977 ff.

2. Der Aktionsplan der Kommission

Auf diesem Hintergrund muss man die Einzelheiten des **Aktionsplans** der Kommission sehen.

a) Gesellschaftsrechtsbezogene Maßnahmen

aa) Europaweite Umstrukturierung der Unternehmen

Durch die EuGH-Entscheidungen Centros, Überseering, Inspire Art[11] und insbesondere Sevic[12] ist zwar gesichert, dass sich die nationalen Gesellschaften über die Grenzen hinweg verschmelzen können; und durch die 3. (Fusions-)[13] und 6. (Spaltungs-)[14] Richtlinie ist rechtstechnisch der Weg dahin in den angesprochenen nationalen Rechten sehr ähnlich vorgezeichnet[15]. Dennoch bleiben gewisse rechtliche Unsicherheiten, die durch die kürzlich beschlossene Richtlinie zur grenzüberschreitenden Verschmelzung beseitigt werden sollen[16].

Ob die Argumente in der Entscheidung Sevic auch für die *Spaltung* und insbesondere für die *Spaltung zur Aufnahme eines Teils des sich spaltenden Unternehmens über die Grenze hin (Teilfusion)* gelten, ist zwar streitig[17], könnte aber vom EuGH zu gegebener Zeit nicht anders als in Sevic entschieden werden. Ich bin daher insoweit auf die Haltung

---

[11] Oben Fn. 7.

[12] EuGH v. 13.12.2005 – Rs C-411/03 *SEVIC Systems AG*, Slg. 2005, I-10805 = JZ 2006, 782 und dazu *Lutter/Drygala*, Internationale Verschmelzungen in Europa, JZ 2006, 770 ff.

[13] Dritte Richtlinie 78/855/EWG des Rates vom 9.10.1978 gemäß Artikel 54 Absatz 3 Buchstabe g) des Vertrages betreffend die Verschmelzung von Aktiengesellschaften, ABl. L 295 v. 20.10.1978, S. 36 ff.

[14] Sechste Richtlinie 82/891/EWG des Rates vom 17.12.1982 gemäß Artikel 54 Absatz 3 Buchstabe g) des Vertrages betreffend die Spaltung von Aktiengesellschaften, ABl. L 378 v. 31.12.1982, S. 47 ff.

[15] Vgl. dazu *Lutter/Drygala* (Fn. 12).

[16] Richtlinie 2005/56/EG des Europäischen Parlaments und des Rates vom 26.10.2005 über die Verschmelzung von Kapitalgesellschaften aus verschiedenen Mitgliedstaaten, ABl L 310/1 v. 25.11.2005, S. 1 ff. und dazu der Regierungsentwurf eines deutschen Umsetzungsgesetzes abrufbar unter http://www.bmj.de/media/archive/1297.pdf.

[17] Vgl. dazu *Bayer*, Die Gründung einer Europäischen Gesellschaft mit Sitz in Deutschland, in: Lutter/Hommelhoff, Die Europäische Gesellschaft (2005), S. 25, 28; *Oplustil/Schneider*, Zur Stellung der Europäischen Aktiengesellschaft im Umwandlungsrecht, NZG 2003, 13, 17; *Marsch-Barner*, Die Rechtsstellung der Europäischen Gesellschaft (SE) im Umwandlungsrecht, in: Hoffman-Becking/Ludwig (Hrsg.), Festschrift für Happ (2006), S. 165, 170.

unserer Registergerichte ausgesprochen gespannt, die bekanntlich bis zur EuGH-Entscheidung Sevic kategorisch jede grenzüberschreitende Umstrukturierung abgelehnt haben.[18]

Einigkeit bestand lange Zeit auch darüber, dass die *internationale Verlegung des Satzungssitzes* zu diesem Bereich der internationalen Umstrukturierung gehört und daher auch durch Richtlinie geregelt werden sollte. Ein entsprechender Entwurf liegt seit langem vor.[19] Nachdem aber der EuGH die faktische Sitzverlegung entschieden und zugleich in denkbar einfacher Weise zugelassen hat, ist das Erfordernis einer solchen Richtlinie fraglich geworden.[20] Tatsächlich wird es nicht mehr viele Fälle geben, in denen eine niederländische Inspire Art b.v. durch Verlegung ihres *Satzungssitzes* nach Düsseldorf zur deutschen GmbH werden will – es sei denn, der Wettbewerb der Rechtsordnungen führt dazu, dass man bestimmte nationale Rechtskleider auf diesem Wege gerne loswerden und andere auf einfache Weise gewinnen will: wenn die deutsche GmbH durch Gesetzgebung und Rechtsprechung zu kompliziert geworden ist, verlegt sie ihren *Satzungssitz* nach Dublin und wird so zur irischen Limited – bleibt aber mit ihrer Tätigkeit und ihrem faktischen Sitz weiterhin in Deutschland.

bb) Internationale Ausübung von Gesellschafterrechten

Ziel der Freiheit des Kapitalverkehrs in Europa (Art. 56 ff. EG) ist der Aufbau und die Entwicklung eines europäischen Kapitalmarkts, der von den Bürgern Europas auch entsprechend angenommen wird. Da seine

---

[18] Vgl. dazu nur die Vorlageentscheidung des LG Koblenz, Beschluss v. 16.9.2003 – 4 HK.T 1/03, NZG 2003, 1124, sowie die Nachweise bei Lutter-*Lutter/Drygala* Kommentar zum UmwG (3. Aufl. 2004), § 1 Rn. 5 mit Fn. 6.

[19] Vgl. den Vorschlag für eine Vierzehnte Richtlinie über die Verlegung des Sitzes einer Gesellschaft in einen anderen Mitgliedstaat mit Wechsel des für die Gemeinschaft maßgeblichen Rechts, ZIP 1997, 1721; vgl. dazu die Vorträge und Diskussionen auf dem 10. Bonner Europa-Symposium, abgedruckt in ZGR 1999, 1ff.; *Meilicke*, Zum Vorschlag der Europäischen Kommission für die 14. EU-Richtlinie zur Koordinierung des Gesellschaftsrechts – Sitzverlegungs-Richtlinie, GmbHR 1998, 1053. Im Februar 2004 fand dazu eine öffentliche Konsultation statt; vgl. dazu http://ec.europa.eu/yourvoice/results/transfer/index_de.htm.

[20] Die Teilnehmer an der Umfrage der Kommission zum Aktionsplan haben sich allerdings erneut mit sehr großer Mehrheit *für* eine solche Richtlinie ausgesprochen; vgl. Directorate General for Internal Market and Services, Consultation and Hearing on Future Priorities for the Action Plan on Modernising Company Law and Corporate Governance, Summary Report, S. 16 (der Report ist im Internet verfügbar unter http://ec.europa.eu/internal_market/company/consultation/index_de.htm).

Objekte in hohem Maße die Aktien nationaler Aktiengesellschaften der Mitgliedsländer sind, muss der Investor auch in der Lage sein, seine Mitgliedschaftsrechte in diesen Gesellschaften und insbesondere ihren Hauptversammlungen auszuüben. Das ist heute mitnichten gewährleistet.[21] Die Probleme reichen hier von kurzen Einberufungsfristen über die fehlende Möglichkeit zur Vertretung bis hin zur erleichterten Teilnahme an Diskussionen und Abstimmung. Die Kommission hat hier einen sehr eingehenden Richtlinien-Vorschlag vorgelegt,[22] der derzeit im europäischen Parlament beraten wird. Geht hier alles gut, so könnte das zu einer starken Veränderung im Ablauf von Hauptversammlungen führen und zu einer wesentlich stärkeren Einflußnahme der Aktionäre auf die Geschicke der Unternehmen.

cc) Die Europäische Privatgesellschaft

Nach dem nicht gerade furiosen Start der Europäischen Aktiengesellschaft in Europa überrascht es, dass die Umfrage der Kommission und die Diskussion darüber in Brüssel am 3. Mai 2006 mit hoher Mehrheit den Wunsch nach einer europäischen Privatgesellschaft unterstützt haben.[23] Dieser von unseren Kollegen *Hommelhoff* und *Helms* in Heidelberg[24] sowie der französischen Handelskammer in Paris entwickelte Vorschlag würde zu einer Art europäischer GmbH führen. Tatsächlich sind diese Rechte in den 25 Mitgliedsländern sehr verschieden; wir erleben es derzeit am Erfolg der englischen Limited in Deutschland. Ob es gelingen kann, daraus ein einheitliches Statut zu entwickeln ohne ständige Verweise auf das jeweils nationale GmbH-Recht, ist hier die entscheidende Frage. Denn das Ziel dieses Projekts, dem Mittelstand in Europa eine europaweit einheitliche, einfache und flexible Gesellschaftsform zur Verfügung zu stellen, hängt davon in ganz entscheidendem Maße ab. Wir können insoweit auf die

---

[21] *Baums/Wymeersch* (Hrsg.), Shareholder voting rights and practices in Europe and the United States (1999); *B.C. Becker*, Die institutionelle Stimmrechtsvertretung der Aktionäre in Europa (2001), sowie jüngst *Grundmann/Winkler*, Das Aktionärsstimmrecht in Europa, ZIP 2006, 1421.

[22] Richtlinienvorschlag der Kommission vom 5.1.2006 abrufbar unter http://ec.europa.eu/internal_market/company/shareholders/index_de.htm.; vgl. dazu *Noack*, Der Vorschlag für eine Richtlinie über Rechte von Aktionären börsennotierter Gesellschafter, NZG 2006, 321.

[23] Vgl. die oben in Fn. 20 zit. Umfrage der Kommission, S. 24.

[24] *Hommelhoff/Helms*, Neue Wege in die Europäische Privatgesellschaft (2001); ferner *Boucourechliev/Hommelhoff*, Vorschläge für eine Europäische Privatgesellschaft (1999); ferner auch „La Société Privée européenne, une société de partenaires", Publikation der Pariser Industrie- und Handelskammer, Sept. 1998.

Debatte und die Entwicklung in den nächsten Jahren sehr gespannt sein.

b) Kapitalmarktbezogene Maßnahmen

Unternehmensrecht ist nicht Kapitalmarktrecht.[25] Aber auf dem Kapitalmarkt werden die Papiere der Unternehmen – Aktien, Optionen, Anleihen etc. – gehandelt. Es liegt daher auf der Hand, dass sich die Verhaltens- und Informationspflichten des Kapitalmarktrechts an die Unternehmen und deren Organe wenden müssen und dabei durchaus die Farbe des Unternehmensrechts annehmen können. Entscheidender Unterschied aber bleibt, dass sich diese Regeln nur an Aktiengesellschaften wenden, die an einer Börse zugelassen sind. Von solchen Regeln ist hier die Rede.

aa) Zusätzliche Publizitätspflichten

Das bereits bestehende Kapitalmarktrecht wimmelt geradezu von zusätzlichen Publizitätspflichten. Das beginnt nicht erst bei der Pflicht zu ad-hoc-Mitteilungen (§ 15 WpHG) und endet noch lange nicht bei den Anzeigepflichten hinsichtlich des Auf- und Abbaus bestimmter Beteiligungen an den betreffenden Gesellschaften (§§ 21 WpHG). Derzeit ist die Bundesregierung mit der Umsetzung der Transparenz-Richtlinie beschäftigt[26] und will, was sehr umstritten ist, die Halbjahresberichte der Unternehmen mindestens einer prüferischen Durchsicht unterwerfen. Sie will hier also über den von der Richtlinie geforderten europäischen Standard hinausgehen.

bb) Corporate Governance

In Anlehnung an die Entwicklungen in Großbritannien und Deutschland sind in Europa in den letzten Jahren über 40 Corporate Governance-Kodizes mit höchst unterschiedlicher Verbindlichkeit bzw. Nicht-Verbindlichkeit für die börsennotierten Unternehmen entstanden. Hier lag der

---

[25] Dazu *Lutter*, Gesellschaftsrecht und Kapitalmarktrecht, in: Lieb (Hrsg.), Festschrift für Zöllner (1998), Band I, S. 363 ff.

[26] Richtlinie 2004/109/EG des Europäischen Parlaments und des Rates vom 15.12.2004 zur Harmonisierung der Transparenzanforderungen in Bezug auf Informationen über Emittenten, deren Wertpapiere zum Handel auf einem geregelten Markt zugelassen sind, und zur Änderung der Richtlinie 2001/34/EG, ABl. L 390 v. 31.12.2004, S. 38 ff., erhältlich unter http://ec.europa.eu/internal_market/securities/docs/transparency/draft_formal_proposal_de.pdf, und dazu RegE des Transparenzrichtlinie-Umsetzungsgesetzes vom 3.5.2006, abrufbar unter www.bundesfinanzministerium.de.

Gedanke an eine Angleichung dieser Kodizes in Europa nahe. Das hätte zu schönen Fragen hinsichtlich der Kompetenz der EU dazu geführt. Denn diese Kodizes sind ja nirgends Recht, der EGV aber spricht in seinen Kompetenzregeln zur Rechtsangleichung von „Bestimmungen" (Art. 44 Abs. 2 lit. g EG) oder „Rechts- und Verwaltungsvorschriften" (Art. 94 EG), nicht aber von soft law.

Wie dem auch sei, die Kommission hat diesen Gedanken – den Vorschlägen der High Level Group insoweit folgend – ausdrücklich abgelehnt[27] und ist zur Philosophie der Publizität zurückgekehrt: die Börsen-Unternehmen sollen in ihre Jahresberichte einen *Corporate Governance Bericht* aufnehmen und darin über tausend Dinge berichten, die zum Teil einfach schon im Gesetz stehen.

Der Gedanke ist dennoch gut, erlaubt dieser Bericht doch dem ausländischen Investor eine genaue Kenntnis über die Entscheidungsabläufe in der von ihm anvisierten Gesellschaft.

cc) Haftung der Vorstände und Aufsichtsräte

Die schrecklichen Bilanzskandale in den Fällen Enron, WorldCom u.a. haben im amerikanischen Sarbanes-Oxley-Act dazu geführt, dass alle Mitglieder des Board of Directors heute die Bilanz unterschreiben und für deren Richtigkeit mithin persönlich einstehen müssen.[28] Dieser Gedanke wird von der Kommission ebenso wie von der High Level Group aufgegriffen und ist bereits in eine entsprechende Richtlinie eingegangen.[29] Entscheidend wird hier die Frage sein, ob es sich um eine eher demonstrative Maßnahme der *Innenhaftung* oder um eine sehr weit reichende Maßnahme der *Außenhaftung* handelt.

Die Innenhaftung würde die Rechtslage in Deutschland nicht verändern; denn schon heute müssen alle Vorstandsmitglieder die Bilanz der Gesellschaft unterzeichnen und haften nach den Regeln des § 93 AktG für die Sorgfalt bei ihrer Erstellung. Und das gilt nicht weniger für die Aufsichtsräte, die nach §§ 171, 172 AktG diesen Jahresabschluss zu prüfen haben und über dessen Billigung Beschluss fassen müssen. Ihre Haftung folgt dann aus § 116 AktG.

---

[27] Aktionsplan, NZG 2003, Sonderbeilage zu Heft 13, S. 5 ff.

[28] Umgesetzt durch CFR § 229.401 (h), Release Nr. 33-8177 in der Fassung vom 24. 1. 2003; im Internet abrufbar unter www.sec.gov/rules/final.shtml. Vgl. dazu auch *Lanfermann/Maul*, Auswirkungen des Sarbanes-Oxley Acts in Deutschland, DB 2002, 1725.

[29] Art. 50b und 50c der oben Fn. 5 zit. Änderungsrichtlinie vom 14.7.2006.

Soll es sich allerdings um eine unmittelbare Außenhaftung dieser Organmitglieder gegenüber etwa geschädigten Aktionären handeln, so wäre das ein ungemein weiter Schritt. Ein entsprechender Gesetzes-Vorschlag der Schröder-Regierung[30] ist bekanntlich und zu Recht gescheitert.[31]

3. *Teilweiser Paradigmenwechsel*

Wir sprechen über das europäische Zivilrecht in seiner Ausprägung im europäischen Unternehmensrecht. Wir sprechen also über *europäisches* oder *europäisch geprägtes nationales Privatrecht* in seiner Gestalt als Verordnung oder Richtlinie.[32] Und wir wissen alle, wie stark die Richtlinie über die Figur der richtlinienkonformen Auslegung auf das Verständnis des nationalen Rechts einwirkt. Das alles gilt weiterhin, man denke nur noch einmal an die Übernahme-Richtlinie,[33] die Transparenz-Richtlinie,[34] die Änderungs-Richtlinien zur 1.,[35] 2.,[36] und 8. Gesellschaftsrechtlichen Richtlinie.[37] In all diesen Bereichen entsteht neues europäisiertes nationales Zivilrecht.

---

[30] Der unter Federführung des Bundesministeriums der Finanzen erstellte Diskussionsentwurf eines Kapitalinformationshaftungsgesetzes (KapInHaG) vom 7.10.2004, der ursprünglich gemeinsam mit dem UMAG und dem KapMuG im Kabinett verabschiedet werden sollte, wurde zurückgezogen.

[31] Art. 50c der oben Fn. 5 zit. Änderungsrichtlinie spricht nur die *Innenhaftung* verpflichtend an und läßt die Frage der *Außenhaftung ausdrücklich* offen.

[32] Vgl. dazu *Zimmermann,* Die Europäisierung des Privatrechts und die Rechtsvergleichung (2006).

[33] Richtlinie 2004/25/EG des Europäischen Parlaments und des Rates vom 21.4.2004 betreffend Übernahmeangebote, ABl. L 142 v. 30.4.2004, S. 12 ff.

[34] Richtlinie 2004/109/EG des Europäischen Parlaments und des Rates vom 15.12.2004 , ABl. L 390 v. 31.12.2004, S. 38 ff.

[35] Richtlinie 2003/58/EG des Europäischen Parlaments und des Rates vom 15.7.2003 zur Änderung der Richtlinie 68/151/EWG des Rates in Bezug auf die Offenlegungspflichten von Gesellschaften bestimmter Rechtsformen, ABl. L 221 v. 4.9.2003, S. 13 ff.

[36] Richtlinie 92/101/EWG des Europäischen Parlaments und des Rates vom 23.11.1992 zur Änderung der Richtlinie 77/91 EWG über die Gründung der Aktiengesellschaft sowie die Erhaltung und Änderung des Kapitals, ABl. L 347/64 v. 5.12.1993, S. 64 ff. sowie vor allem die soeben verabschiedete Änderungsrichtlinie 2006/68/EG vom 6. September 2006, ABl. L 264 v. 25.9.2006, S. 32ff.

[37] Richtlinie 2006/43/EG des Europäischen Parlaments und des Rates vom 17.5.2006 über Abschlussprüfungen von Jahresabschlüssen und konsolidierten Abschlüssen, zur Änderung der Richtlinien 78/660/EWG und 83/349/EWG des Rates und zur Aufhebung der Richtlinie 84/253/EWG des Rates, ABl. L 157 v. 9.6.2006, S. 87 ff.

Aber die Kommission hat begonnen zusätzlich zu diesen Richtlinien als weiteres Instrument die *Empfehlung* einzusetzen. Und diese ist, wie wir wissen, nach Art. 249 Abs. 5 EG *nicht verbindlich*, ist also kein europäisches Recht, ja will nicht einmal nationales Recht erreichen, sondern gibt sich mit einer Umsetzung im nationalen Corporate Governance Kodex zufrieden. Zwei solcher Empfehlungen sind in letzter Zeit ergangen.

a) Die Empfehlung der Kommission vom 14. Dezember 2004 zur Veröffentlichung der Gehälter von Vorständen und Aufsichtsräten[38]

Diese Empfehlung hat in Deutschland für Aufsichtsräte offene Türen eingerannt; denn nach § 113 AktG muß die Hauptversammlung die Vergütung der Aufsichtsräte in der Satzung oder einem besonderen Beschluss festlegen. Beide sind öffentlich.

Die Offenlegung der Vorstandsgehälter hatte bereits damals der deutsche Corporate Governance Kodex empfohlen; der Bundestag hat dann – wenn auch aus anderen Gründen – nachgebessert und das Vorstands-Offenlegungs-Gesetz beschlossen.[39] Diese Empfehlung hat also zu nationalem Recht geführt und ich zögere, dieses als „europäisiert" zu qualifizieren: es ist rein nationales Recht, das vom deutschen Gesetzgeber auch wieder abgeschafft werden könnte.

b) Die Empfehlung der Kommission vom 15. Februar 2005 zu den Aufgaben von nicht geschäftsführenden Direktoren etc.[40]

Diese Empfehlung der Kommission betrifft u. a. die Unabhängigkeit der Aufsichtsräte bzw. – im monistischen System – der nicht im Unternehmen tätigen Direktoren. Die Kommission möchte, dass die Aufsichtsräte der nationalen Aktiengesellschaften – soweit sie überhaupt Aufsichtsräte

---

[38] 2004/913/EG, Empfehlung der Kommission vom 14.12.2004 zur Einführung einer angemessenen Regelung für die Vergütung von Mitgliedern der Unternehmensleitung börsennotierter GesellschaftenText, ABl. L 385 v. 29.12.2004, S. 55 ff.

[39] Das Gesetz über die Offenlegung der Vorstandsvergütung (VorstOG) ist am 3.8.2005 in Kraft getreten, BGBl I 2005, 2267; vgl. dazu *Baums*, Zur Offenlegung von Vorstandsvergütungen, ZHR 169 (2005), 299; *Fleischer*, Das Vorstandsvergütungs-Offenlegungsgesetz, DB 2005, 1611; *Lücke*, Die Angemessenheit von Vorstandsbezügen – Der erste unbestimmbare und unbestimmte Rechtsbegriff?, NZG 2005, 692, 693.

[40] 2005/162/EG, Empfehlung der Kommission vom 15.2.2005 zu den Aufgaben von nicht geschäftsführenden Direktoren/Aufsichtsratsmitgliedern/börsennotierter Gesellschaften sowie zu den Ausschüssen des Verwaltungs-/Aufsichtsrats ABl. L 52 v. 25.2.2005, S. 51 ff.

kennen – mehrheitlich aus *unabhängigen Personen* zusammengesetzt sind und dass dies auch nach außen verlautbart wird.

Bei uns hat das der deutsche Corporate Governance Kodex aufgegriffen und formuliert dazu in Ziff. 5.4.2:

> „Um eine unabhängige Beratung und Überwachung des Vorstands durch den Aufsichtsrat zu ermöglichen, soll dem Aufsichtsrat eine nach seiner Einschätzung ausreichende Anzahl unabhängiger Mitglieder angehören. Ein Aufsichtsratsmitglied ist als unabhängig anzusehen, wenn es in keiner geschäftlichen oder persönlichen Beziehung zu der Gesellschaft oder deren Vorstand steht, die einen Interessenkonflikt begründet."

Die Sache hat ein praktisches Problem und einen rechtlichen Aspekt:

(1) Die Kommission hat alle Arbeitnehmer-Vertreter per se für unabhängig erklärt. Das ist – wenn man denn die Unabhängigkeit ernst nehmen will – barer Unfug. Aber ohne diese Fiktion wären in Deutschland *alle* Aufsichtsräte der großen Unternehmen mehrheitlich mit abhängigen Aufsichtsräten besetzt. Das so zu verlautbaren, wäre natürlich auch Unfug. In der jetzigen Situation genügt also ein Unabhängiger aus dem Kreis der Anteilseigner-Vertreter, wie etwa unser Kollege *Pellens* bei ThyssenKrupp oder bis vor kurzem unser Kollege *Kirchhof* bei der Deutschen Bank, um das Gremium mehrheitlich unabhängig zu machen.

(2) Rechtlich sind die Empfehlungen der Kommission und die des Kodex unverbindlich. Wenn nun aber der Aufsichtsrat einer deutschen börsennotierten AG nach § 161 AktG erklärt, er befolge alle Empfehlungen des Kodex, obwohl alle Anteilseignervertreter vom Großaktionär benannt sind, spricht er dann noch wahr?

Denn: was unabhängig ist, weiß niemand. Die Kommission hat daher ihrer Empfehlung vom 6. Oktober 2004 einen Anhang mitgegeben, in dem sie festlegt, wer *nicht unabhängig* ist und das ist nach ihrer Meinung jeder Vertreter des Großaktionärs.

Hat das nun Bedeutung für unsere Auslegung von § 161 AktG und die Frage nach einer wahren Erklärung? Ich möchte das mit einem klaren Nein beantworten. Wenn wir im nationalen Recht einer Empfehlung folgen, ist das nur ein Motiv.[41] Die Rechtsebene aber ist rein national und ihre

---

[41] Empfehlungen sind unverbindliche Rechtsakte, die höchstens dann rechtlich erheblich sein können, wenn sie als Verfahrensvoraussetzungen für ein Tätigwerden anderer Organe oder desselben Organs ausgestaltet sind, dazu von der Groeben/Schwarze-*Schmidt*, Kommentar zum Vertrag über die Europäische Union und Vertrag zur Gründung der Europäischen Gemeinschaft (6. Auflage 2004), Band 4,

Auslegung erfolgt daher nach nationalen Grundsätzen, allerdings unter Beachtung der Empfehlung.[42]

III. Schluss

Es gäbe noch über vieles zu reden und zu diskutieren, nicht zuletzt über die Europäische AG, wie sie nach 40 Jahren Beratung geworden ist.[43] Aber die Zeit ist allemal begrenzt. Wenn jetzt also eine Ruhr-Akademie für Europäisches Privatrecht eröffnet wird, dann können wir für die zukünftige Arbeit dieser Akademie feststellen: ein großer Teil des heute existierenden europäischen oder europäisierten nationalen Unternehmensrechts gehört zu diesem europäischen Privatrecht, um das sich die Akademie in ihrer Zukunft kümmern wird.

Art. 249 Rn. 50; Lenz/Borchardt-*Hetmeier*, Kommentar zum EU- und EG-Vertrag (3. Auflage 2003), Art. 249 Rn. 20.

[42] EuGH v. 13.12.1989 – Rs. C-322/88 *Salvatore Grimaldi ./. Fonds des Maladies Professionelles*, Slg. 1989, 4407 = NZA 1991, 283; dazu auch von der Groeben/Schwarze-*Schmidt*, Kommentar zum Vertrag über die Europäische Union und Vertrag zur Gründung der Europäischen Gemeinschaft (6. Auflage 2004), Band 4, Art. 249 Rn. 50.

[43] Verordnung (EG) Nr. 2157/2001 des Rates vom 8.10.2001 über das Statut der Europäischen Gesellschaft (SE), Abl. L 294, S. 1 und dazu die deutschen Ausführungsgesetze SEAG vom 22.12.2004 (BGBl. 2004 I. 3575) und SEBG vom 22.12.2004 (BGBl. 2004, 3686).